Copy the letters and practise writing them on your own.

postbox

p ----- ----- ----- ----- ----- ----- -----

lobster

l ----- ----- ----- ----- ----- ----- -----

rose

r ----- ----- ----- -----

KU-799-081

Orange

tiger

------ ------ ------ ------ ------

carrots

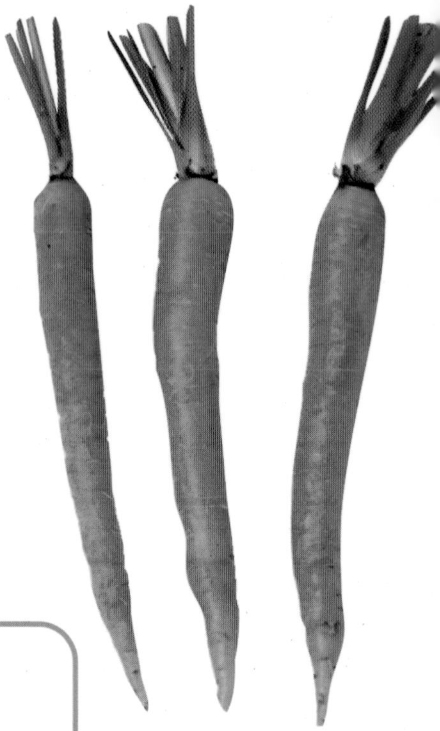

------ ------ ------ ------ ------ ------ ------

Use an orange felt tip pen to colour this pumpkin

Orange

Copy the letters and practise writing them on your own.

p o s t b o x

p ------ ------ ----- ----- ----- -----

l o b s t e r

l ----- ----- ----- ----- ----- ------ -----

r o s e

r ----- ----- ----- -----

Orange

tiger

------   ------   ------   ------   ------

carrots

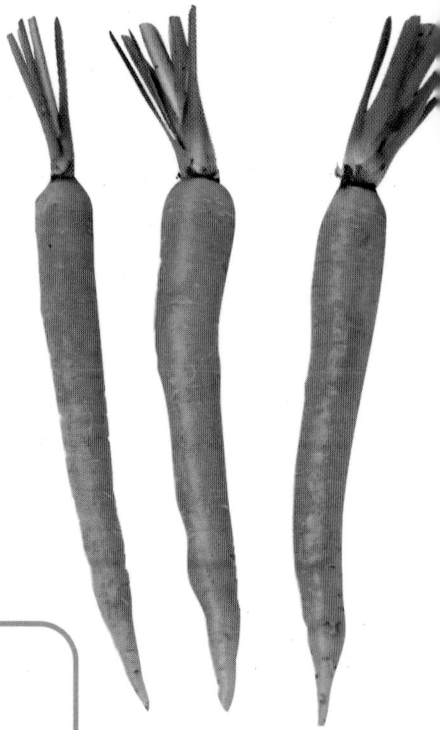

------   ------   ------   ------   ------   ------   ------

Use an orange felt tip pen to colour this pumpkin

Copy the letters and practise writing them on your own.

a m b e r

a
----- ----- ----- ----- -----

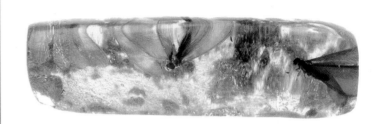

o r a n g e

o
----- ----- ----- ----- -----

p u m p k i n

p
----- ----- ----- ----- ----- -----

Yellow

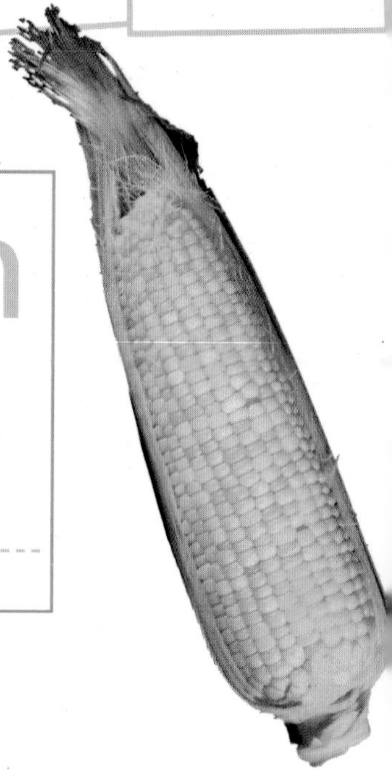

sweetcorn

s

sunflower

s

Use a yellow
felt tip pen
to colour this
sunflower

Yellow

Copy the letters and practise writing them on your own.

d i g g e r

d

l e m o n

l

h e l m e t

h

Green

sweets

s

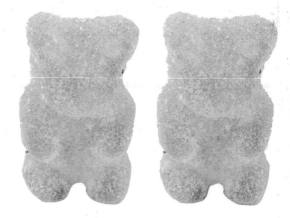

car

c

Use a green felt tip pen to colour this frog

Copy the letters and practise
writing them on your own.

f r o g

f
-- -- -- -- -- --

l e a v e s

l
-- -- -- -- -- -- -- --

d i n o s a u r

d
-- -- -- -- -- -- -- -- --

Blue

butterfly

b

_ _

vases

v

_ _

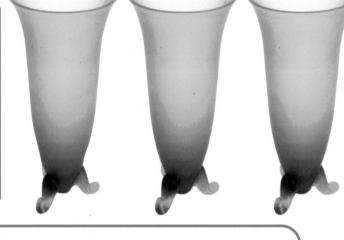

Use a blue felt tip pen to colour this butterfly

Copy the letters and practise
writing them on your own.

armchair

a _____

signs

s _____

plate

p _____

Indigo

parrot

p

bucket

b

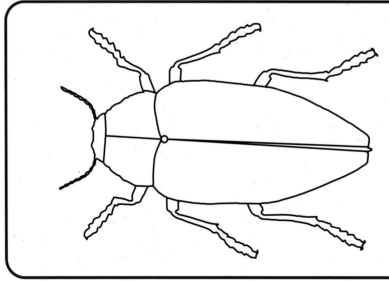

Use an indigo
felt tip pen
to colour this
beetle

Copy the letters and practise writing them on your own.

b a l l o o n

b

----- ----- ----- ----- ----- ----- -----

b e e t l e

b

----- ----- ----- ----- ----- -----

j a c k e t

j

----- ----- ----- ----- ----- -----

Violet

flower

f _____ _____ _____ _____ _____ _____

thread

t _____ _____ _____ _____ _____ _____

Use a violet felt tip pen to colour this bunch of grapes